AF276486

JOSÉ ANTONIO PAGOLA

PASTORAL R RENOVADA

LA LLAMADA DE CRISTO RESUCITADO A SU IGLESIA

PPC

© 2024, José Antonio Pagola
© 2024, PPC, Editorial y Distribuidora, SA
Impresores, 2
Parque Empresarial Prado del Espino
28660 Boadilla del Monte (Madrid)
ppcedit@ppc-editorial.com
www.ppc-editorial.com

ISBN: 978-84-288-4195-5
Depósito legal: M-16914-2024
Impreso en la UE / *Printed in EU*

Introducción[1]

Para bastantes cristianos, la resurrección de Jesús es solo un hecho del pasado. Algo que le sucedió al muerto Jesús hace aproximadamente dos mil años. Un acontecimiento que, en el discurrir del tiempo, se aleja cada vez mas de nosotros perdiendo así fuerza para determinar nuestro presente y, más aún, para dar sentido a nuestro futuro.

Para otros, la resurrección de Cristo es un dogma que hay que creer y confesar. Una verdad entre otras cuya eficacia real en nuestras vidas y en nuestro siglo no se sabría bien precisar. Tienen fe, pero no conocen "la fuerza de la fe". No han sintonizado con esa dinámica de la resurrección que ilumina desde dentro toda la experiencia cristiana y da su sentido radical a todo cuanto la Iglesia intenta ser y hacer. No se conoce ese "principio nuevo que debía venir

[1] Conferencia pronunciada en Bilbao, el 15 de febrero de 2001, en el Ciclo de Conferencias organizado por el Instituto de Teología y Pastoral de Bilbao..

a renovar y vivificar la humanidad" y del que habla san Ireneo[2].

Las consecuencias son graves. Si la Iglesia pierde el contacto con el Resucitado, se queda sin aquel que es su "Espíritu vivificador" (1 Cor 15,45) y entra en un proceso de envejecimiento, rutina y decadencia. Puede crecer sociológicamente, pero debilitarse interiormente. El cuerpo de la Iglesia puede ser grande, pero su fuerza transformadora pequeña. Sin el Resucitado, la fe pierde "su efecto movilizador, revolucionario y crítico sobre la historia"[3], la Iglesia deja de ser una comunidad creadora de justicia y de esperanza en el mundo.

No solo eso. Sin el enraizamiento en el Resucitado, la experiencia cristiana queda descentrada y distorsionada; la Iglesia corre el riesgo de hacer de sí misma el punto de referencia principal de todo, asumiendo atributos que solo corresponden a su Señor. El vacío de la experiencia pascual es llenado por la autoridad magisterial, la doctrina, la reflexión teológica o

---

[2] S. Ireneo, *Adversus Haereses*, IV, 34, 1.

[3] J. Moltmann, *Teología de la esperanza*, Sígueme, Salamanca 1969, 20.

la estrategia pastoral. Falta la experiencia radical que consiste, según san Pablo, en "conocer a Cristo y el poder de su resurrección" (Flp 3,10).

Esta reactualización de la experiencia pascual es necesaria siempre. De ella vive la Iglesia, desde ella crece y comunica el Evangelio, desde ella abre el camino al Reinado de Dios y de su justicia. Pero es más urgente todavía en los inicios de este nuevo milenio en que no pocos comienzan a sentir con más fuerza la dificultad de asentir a sistemas doctrinales formulados en una cultura premoderna y predemocrática, unos tiempos en que a bastantes se les hace difícil celebrar la vida en el marco de nuestra venerable y multisecular liturgia, tiempos en que la crisis ecológica, las guerras económicas, la globalización excluyente de los últimos o la insolidaridad entre los pueblos plantean nuevos retos a una Iglesia llamada a contribuir desde su propia fe a abrir caminos nuevos de justicia y de esperanza.

Es el momento de recuperar al Resucitado y redescubrir que, al comienzo de todo, como desencadenante de la fe cristiana, lo que encontramos no es una doctrina, una institución, un cuerpo moral o una liturgia, sino una experiencia:

el encuentro con Jesús, crucificado por entregar su vida a la causa de los últimos, pero resucitado por Dios como fuente de vida y esperanza para todos.

No me es posible, en el marco de esta exposición, desentrañar el contenido de esta experiencia y extraer todas las consecuencias que puede tener para el ser y el quehacer de la Iglesia de hoy. Me limitaré a señalar cinco aspectos fundamentales.

1
La experiencia renovadora del Espíritu

1. La experiencia del Resucitado

La tradición neotestamentaria es unánime. El Resucitado genera una experiencia nueva y poderosa que es calificada como "irrupción del Espíritu". Donde se hace presente el Resucitado, se hace presente la fuerza del Espíritu, es decir, esa actuación sorprendente y poderosa de Dios, que la tradición bíblica llama "el Espíritu de Dios" (*Ruah Yaveh*).

La experiencia pascual no consiste primariamente en afirmar un hecho o llegar a la convicción de una verdad, sino en ser alcanzados por Cristo como "Espíritu vivificador" y experimentar la fuerza secreta de su resurrección. El núcleo de esta experiencia consiste en entrar en comunión con el Crucificado como alguien que vive y es "dador de vida". Se trata de una experiencia fundante en la que se descubre la verdad última encerrada en Jesús, que obliga a reorientar la vida de manera radicalmente nueva.

Sin esta experiencia las cosas hubieran seguido como antes. Todo empieza cuando unos discípulos y discípulas se ponen en contacto con Jesús, primero en Galilea, y después de su crucifixión en la experiencia pascual, y descubren en él la cercanía salvadora de Dios. Ha sido esta experiencia la que ha transformado sus vidas y los ha entusiasmado con la tarea de abrir camino al Reinado de ese Dios, amigo de la vida y defensor de la dignidad humana. Como resume Rudolf Pesch, "los discípulos se dejan coger, fascinar y transformar".[4]

Es esta experiencia la que vincula a la comunidad de discípulos con Jesucristo como su único Señor y los mantiene abiertos a su palabra y a su acción, en comunión viva con él. En realidad, solo hay Iglesia donde el Espíritu del Resucitado suscita esta "nueva obediencia a la soberanía de Cristo"[5].

---

[4] R. PESCH, *Tra Venerdi Santo e Pasqua. La conversione dei discepoli di Gesú*, Morcelliana, Brescia 1993, 118.

[5] J. MOLTMANN, *La Iglesia, fuerza del Espíritu*, Sígueme, Salamanca 1978, 350; J. A. PAGOLA, *Fidelidad al Espíritu en situación de conflicto*, Sal Terrae, Santander 1995, sobre todo 19-22.

Cuando se debilita esta comunión con el Resucitado, la Iglesia corre el riesgo de centrarse en sí misma, buscar sus propios intereses y sustituir, en definitiva, el cimiento ya puesto que es Cristo por otras estructuras e instituciones. Es posible entonces caer en lo que Thomas Lorenzen llama "la cautividad eclesiológica del Espíritu".[6]

2. El riesgo de la mediocridad

El pecado que más puede desvirtuar el ser y el quehacer de la Iglesia es ignorar al Espíritu del Resucitado. Pretender sustituir con la institución, la autoridad, el magisterio, la teología o la organización, lo que solo puede nacer de la fuerza del Espíritu. Lo decía Karl Rahner hace mucho tiempo: "La Iglesia ha de ser una Iglesia «espiritual» si quiere permanecer fiel a su propia esencia".[7]

---

[6] T. LORENZEN, *Resurrección y discipulado. Modelos interpretativos, reflexiones bíblicas y consecuencias teológicas*, Sal Terrae, Santander 1999, 203.

[7] K. RAHNER, *Cambio estructural de la Iglesia*, Cristiandad, Madrid 1974, 102.

Sin la obediencia al Espíritu, la Iglesia cae en la obediencia a falsos señores impuestos desde fuera o desde dentro. Sin embargo, la Iglesia no es de la jerarquía ni del pueblo, no es de la derecha ni de la izquierda, no es de los teólogos premodernos ni de los ilustrados, no es de este papa ni de aquel, no es de estos movimientos ni de aquellas comunidades. Es de su Señor, el Resucitado.

La pérdida de la experiencia del Espíritu y la falta de contacto vivo con el Resucitado producen, además, otros efectos difíciles a veces de precisar, pero que desvirtúan gravemente el seguimiento a Cristo.

- Sin el Espíritu, Jesucristo se queda en un personaje del pasado al que se puede admirar, sin que haga arder los corazones.
- Sin el Espíritu, el Evangelio se convierte en letra muerta ya sabida, la Iglesia en pura organización.
- Sin el Espíritu, la misión se reduce a propaganda religiosa, el trabajo pastoral se convierte fácilmente en actividad profesional, la catequesis en adoctrinamiento, la celebración en rito vacío, la acción caritativa en servicio social.

- Sin el Espíritu, la libertad se asfixia, la comunión se resquebraja, los carismas se extinguen, el pueblo y la jerarquía se distancian.
- Sin el Espíritu, se produce un divorcio entre teología y espiritualidad, entre doctrina y praxis.
- Sin el Espíritu, la esperanza es sustituida por el temor, la audacia por la cobardía, y la vida de la Iglesia se apaga en la mediocridad.

Por otra parte, el trabajo pastoral de la Iglesia está, de ordinario, demasiado marcado por la organización y la actividad con un claro déficit de experiencia interior. A veces se trabaja mucho y con muy buena voluntad buscando un cierto tipo de rendimiento pastoral, pero se diría que, con todo ello, no pasamos de cuidar "la epidermis de la fe",[8] de promover un cristianismo sin interioridad, que parece dispensar de una adhesión viva, gozosa y responsable al Resucitado. Corremos el riesgo de fomentar y sostener entre

---

[8] M. LEGAUT, "Convertirse en discípulo", *Cuadernos de la diáspora* 2 (1994), 70-71.

todos una mediocridad espiritual que no se debe a la infidelidad de este o de aquel, sino, sobre todo, a un clima generalizado que creamos entre todos por nuestra forma empobrecida de entender y de vivir la experiencia cristiana.

Hemos encontrado estos años un lenguaje más vivo para hablar del acto evangelizador, la teología se ha hecho más cálida y exigente, pero seguimos, en buena parte, alimentando un cristianismo convencional: respeto a una tradición religiosa empobrecida; celebración rutinaria que tranquiliza aunque no alimente la vida; insistencia en una doctrina correcta aunque no abra los corazones a la experiencia de Dios; recuerdo conminatorio de la moral aunque las personas no estén enraizadas en la adhesión vital a Cristo.

3. Una Iglesia renovada por el Espíritu

El Nuevo Testamento es claro: el cristianismo no es un sistema, sino una experiencia de comunión vital con el Resucitado, y la Iglesia no es Iglesia sino cuando se compromete, incluso a nivel de sus estructuras fundamentales, en desarrollar y hacer fecunda esa experiencia en medio del mundo. ¿Qué ha sucedido en realidad?

Al principio, la evangelización explota como la comunicacion de esta experiencia. Lo dice bien la primera carta de Juan:

> "Lo que hemos oído, lo que han visto nuestros ojos, lo que contemplamos y palparon nuestras manos acerca de la Palabra, que es la vida..., esto que hemos visto y oído os lo anunciamos también a vosotros para que también vosotros lo compartáis con nosotros." (1 Jn 1,1-3)

Al comienzo, la experiencia se transmite básicamente por medio de un mensaje, una nueva praxis de vida y una celebración. Pronto, el mensaje viene fijado por escrito y nacen las Escrituras cristianas; el espíritu de la nueva praxis queda recogido en pautas concretas de conducta moral; la celebración de la experiencia cristaliza poco a poco en liturgia ritual.

De esta forma, lo que para los primeros discípulos era una experiencia viva, para nosotros hoy es tradición, texto escrito del Nuevo Testamento, celebración litúrgica de los sacramentos.

Pero no hemos de olvidar que la historia del cristianismo es la historia de una experiencia que se contagia y se transmite de unas generaciones a otras. Si no se da la reactualización continua de esa experiencia, se introduce una ruptura esencial.

La predicación continúa repitiendo la doctrina; el magisterio sigue recordando la moral; las comunidades administran los sacramentos, pero la fe queda vacía de la experiencia original.

Tal vez, la primera palabra del Señor resucitado a nuestras Iglesias sea esta: "Recibid el Espíritu Santo" (Jn 20,22). Es importante transmitir la doctrina, es necesario recordar las exigencias del Evangelio y promover la práctica religiosa. Pero todo esto queda desvirtuado si falta "la comunión mística" con Jesus, no como fundador de una institución, ni como legislador de una nueva Ley, sino como Espíritu que da vida.

Si el magisterio solo se preocupa de asegurar la ortodoxia sin suscitar la adhesión viva a Cristo, si la teología se reduce a exponer correctamente la doctrina sin despertar la experiencia, si la exégesis interpreta con precisión el texto bíblico sin ayudar a acoger las palabras de Jesús, que son "espíritu y vida" (Jn 6,63), si la acción pastoral se concentra en ofrecer práctica religiosa para responder a demandas de seguridad, se está ignorando lo esencial y decisivo, y la Iglesia no está ofreciendo el manantial del que brota la verdadera vida cristiana.

2

La primacía
del testimonio

1. Necesidad de testigos

A veces olvidamos que el acontecimiento pascual no consiste solo en que Dios resucita a Jesús de entre los muertos, sino que, además, suscita testigos que puedan inscribir esta actuación de Dios en la historia. La resurrección no es un acontecimiento oculto y cerrado en sí mismo. La intervención del Padre está dirigida a configurar la historia de manera radicalmente nueva. Por eso necesita de testigos.[9]

Si de alguna manera no es atestiguada, la resurrección se pierde en el pasado, no puede afectar la historia presente, no puede ser recordada como

---

[9] Sobre el testimonio pascual pueden verse los estudios de M. Deneken, *La Foi pascale. Rendre compte de la Résurrection de Jesus aujourd'hui*, Cerf, Paris 1997, 463-513, y de T. Lorenzen, o. c., 273-290.

estímulo de una vida nueva. La resurrección necesita de creyentes que se responsabilicen del testimonio y que, con su existencia renovada, la introduzcan en la historia.

La experiencia pascual no existe ni puede ser imaginada allí donde no se puede conectar con testigos. Y si el testigo distorsiona el testimonio con su palabra o con su vida, el acontecimiento mismo de la resurrección queda distorsionado, y no llega al presente tal como es, con toda su fuerza transformadora. Es la fe que se despierta en torno a los testigos la que le da a la resurrección consistencia histórica. En esa experiencia llega a ser la resurrección acción salvadora de Dios para los hombres y mujeres de hoy.

La teología lucana destaca con fuerza esta importancia de los testigos. El Resucitado habla así a los Once y a los que estaban con ellos: "Vosotros sois testigos de estas cosas" (Lc 24,48). Más tarde se explica este encargo con más claridad: "Recibiréis la fuerza del Espíritu Santo, que vendrá sobre vosotros, y seréis mis testigos en Jerusalén, en toda Judea y Samaria, y hasta los confines de la tierra" (Hch 1,8). La experiencia del Espíritu del Resucitado suscita testigos.

2. Comprometidos en el camino de Jesús

Los discípulos no son testigos de una verdad abstracta. Su principal tarea no es tampoco proporcionar pruebas racionales que lleven a afirmar el hecho de la resurrección. Son testigos de una experiencia transformadora provocada por el Resucitado y esto solo se atestigua "con una vida creíble de seguimiento a Jesús".

Es fácil entenderlo. Los primeros discípulos descubren que, al resucitar a Jesús, Dios le ha dado la razón desautorizando a quienes lo habían condenado, ha legitimado su vida, ha hecho suya la causa defendida por Jesús, se ha identificado con su manera de vivir y de morir. Dios no ha resucitado a cualquiera. Ha resucitado a Jesús, el hombre que había vivido enraizado en una confianza absoluta en el Padre, y que se había entregado hasta la muerte al servicio liberador de todo ser humano desvalido y deshumanizado.

Nada tiene de extraño que en la primera comunidad, al elegir un nuevo apóstol se exija no solo que haya vivido la experiencia pascual, sino que esté vinculado con la vida de Jesús de Nazaret:

"Conviene que entre los que anduvieron con nosotros todo el tiempo que el Señor Jesús convivió con nosotros, a partir del bautismo de Juan hasta el día en que nos fue llevado, uno de ellos sea constituido testigo con nosotros de su resurrección." (Hch 1,21-22)

- El testigo es un convertido al estilo de vida y a la causa de Jesús. A partir de la resurrección sabe que no hay ante Dios otra forma más auténtica de vivir y de morir.
- El testigo vive de la experiencia pascual, pero lo hace comprometiéndose en el camino que llevó a Jesús hasta la cruz y la resurrección.[10]
- Es importante su palabra y su predicación, pero su testimonio solo es creíble cuando su existencia concuerda con el camino prepascual que llevó a Jesús hasta la vida del Padre.
- El testigo conoce "la fuerza de la resurrección"; por eso precisamente se le ve dispuesto a sufrir y a arriesgar su vida en el seguimiento a Jesucristo.[11]

---

[10] Ver el rico significado de esta terminología de "el camino de Jesús", en J. MOLTMANN, *El camino de Jesucristo*, Sígueme, Salamanca 1993, 11-12.

[11] Es conocido que el término griego que significa "testigo" es

3. La dinámica de la misión

No es este el momento de analizar toda la estructura de este testimonio pascual. Solo señalaré un aspecto demasiado olvidado. La experiencia pascual desencadena la misión. Es lo que subraya el conjunto de relatos de encuentros con el Resucitado. Las comunidades de testigos se comprenden a sí mismas como fundadas en la experiencia pascual, pero enviadas al mundo.

La misión entraña una dinámica de movimiento. Exige "ir", "moverse hacia los otros", "salir de sí mismo". Los textos lo señalan una y otra vez:

"Como el Padre me envío, también yo os envío." (Jn 20,21)

"Id y haced discípulos a todas las gentes." (Mt 28,19)

"Id por todo el mundo y proclamad la Buena Noticia a toda la creación." (Mc 16,15)

"*martys*", de donde deriva la palabra castellana "mártir".

Este movimiento hacia fuera es constitutivo del testimonio. La razón de ser de la Iglesia no está dentro, sino fuera de sí misma. La Iglesia que nace de la experiencia pascual no existe para ella, sino para el mundo. No tiene otra justificación. Pero este "ir hacia el otro", lejos de ser un camino de conquista, es un camino de desposeimiento. Ir al otro es abrirse a sus problemas e interrogantes, compartir sus sufrimientos y olvidarse de los propios intereses. Este "movimiento hacia fuera" es el que descentra a la Iglesia de sí misma, la desprende de inercias y rutinas, y abre en ella un espacio para comprometerse al servicio de la humanidad.[12]

4. Una Iglesia testigo

La Iglesia es testigo de su Señor, o no es Iglesia. Es el testimonio lo que le confiere su ser más auténtico y lo que estructura su verdadero quehacer.

El núcleo de su misión no es hablar ni celebrar, no es desarrollar la comprensión racional

---

[12] M. Pivot, *Un nouveau souffle pour la misión*, L'Atelier, París 2000, sobre todo 99-108.

de la fe ni decir de forma actualizada lo de siempre. Su ser y quehacer es el testimonio, comunicar la experiencia de Jesús, comprometerse en el camino seguido por él y trabajar por configurar la realidad humana abriendo cauces al Reino de la justicia y de la esperanza de Dios. aquí se juega la Iglesia su credibilidad, el ser o no ser. Todo lo demás viene después.

Condicionados por la Iglesia sociológica que hemos conocido, corremos el riesgo de ser víctimas de un esquema mental que nos puede estar haciendo no poco daño.

■ Le seguimos dando mucha importancia al número, pero lo importante no es ser muchos o pocos; lo decisivo no es el número, sino la calidad de vida comprometida que puedan irradiar las comunidades.

■ Buscamos personas valiosas que trabajen con eficiencia, pero lo decisivo es contar con testigos en los que se pueda captar la fuerza humanizadora, transformadora y liberadora que desencadena el Resucitado cuando su Espíritu es acogido de manera entusiasta y responsable.

■ Seguimos añorando poder sociológico y estructuras fuertes, pero lo decisivo es el discipulado y el seguimiento radical a Jesucristo.

■ Buscamos la actividad intensa, pero lo decisivo no es "hacer cosas", "hacer mucho", sino cuidar la calidad de lo que hacemos y desarrollar su fuerza transformadora y sanadora. Una de las primeras palabras del Resucitado a su Iglesia es esta: "Seréis mis testigos" (Hch 1,8).

Este testimonio exige una dinámica de misión. Lo afirmó con claridad Pablo VI: "Evangelizar constituye la dicha y la vocación propia de la Iglesia, su identidad más profunda. Ella existe para evangelizar" (*EN* 14). Sin embargo, nuestra Iglesia vive hoy, por lo general, muy replegada sobre sí misma y sus propios intereses. Bastantes comunidades aparecen muy centradas en sus preocupaciones de orden interno y poco abiertas hacia fuera, demasiado ajenas a "los gozos y las esperanzas, las tristezas y las angustias de los hombres de nuestro tiempo, sobre todo de los pobres y de cuantos sufren" (*GS* 1).

La misión que nace del Resucitado exige hoy un desplazamiento mayor a la vida real y a los problemas de las gentes, y una implicación más decidida en las grandes preocupaciones de nuestro tiempo: la defensa de la vida y de los derechos humanos en todos los pueblos, la paz, el sufrimiento de la exclusión, el cuidado de la Tierra, la solidaridad entre los pueblos, la crisis de la familia, la dignidad de la mujer. Se ha de ver con claridad que la Iglesia se interesa más por el bien y la dicha de los hombres y mujeres de nuestro tiempo que por su propia seguridad y porvenir.

No todo en la Iglesia da testimonio del Resucitado. La Iglesia puede ser mediación transparente o pantalla opaca. Puede atraer o alejar. Inducir a la fe o a la incredulidad. De hecho ha dejado de ser creíble para no pocos. No hemos de olvidar que "el único testimonio creíble es el de un amor efectivo a los hombres. Porque solo el amor puede testimoniar al Dios Amor". [13]

---

[13] M. Neusch, *Un Dios para hoy*, Herder, Barcelona 1989, 149.

3

La lucha
por la vida

Todo esto puede ser todavía algo muy genérico. La experiencia del Resucitado puede quedar en espiritualismo; el testimonio y la misión pueden reducirse poco a poco a mero anuncio verbal si no precisamos más su contenido.

Ya he subrayado cómo la experiencia pascual y el testimonio llevan necesariamente al seguimiento de Jesús. Ahora hemos de precisar algo más: ¿Cómo vivir un seguimiento a Jesús que lleve "la marca de la resurrección"?, ¿cómo ha de caminar la Iglesia a lo largo de la historia con el Dios que resucitó a Jesús? Dicho en palabras de Jon Sobrino, ¿cómo "vivir el seguimiento de Jesús como resucitados"? [14]

---

[14] Ver la importante aportación de J. SOBRINO, *La fe en Jesucristo. Ensayo desde las víctimas,* Trotta, Madrid 1999, 25-166; J. SOBRINO, Jesús en América Latina. Su significado para la fe y la cristología, Sal Terrae, Santander 1929, 157-206.

1. El Dios de la vida

La experiencia pascual conduce a los discípulos a descubrir que Dios "no es un Dios de muertos, sino de vivos" (Mc 12,27). Si Dios ha resucitado a Jesús, esto significa que Dios no quiere la muerte, sino la vida del ser humano. La resurrección de Jesús es experimentada como la reacción y protesta de Dios contra un mundo de injusticia, violencia y sufrimiento que conduce fatalmente a la muerte. De hecho, la primera predicación se estructura sobre este esquema: "Vosotros lo matasteis... pero Dios lo resucitó" (Hch 2,23-24). El Dios de Jesús es un Dios que pone vida donde los hombres ponen muerte. "La resurrección es el sí de Dios a la vida humana"[15] y el no radical a la violencia, la degradación, la humillación y cuanto genera y moviliza las fuerzas y mecanismos que llevan a la muerte.

Este es el único Dios verdadero. El que afirma la vida por encima de todo. El "Resucitador",[16]

---

[15] J. M. Castillo – J. A. Estrada, *El proyecto de Jesús*, Sígueme, Salamanca 1998, 96.

[16] M. Deneken, o. c., 587.

el que crea nueva vida incluso a partir de la ambigüedad de la historia, "el que puede crear en todos los tiempos nueva vida a partir de los escombros de la historia".[17] Los falsos dioses ni tienen vida ni la pueden dar. Son dioses de muerte que deshumanizan y destruyen. En el movimiento del Resucitado una cosa ha de quedar clara: un Dios que, de una manera o de otra, vaya contra la vida o la dignidad de las personas es siempre un Dios falso.

Quien vive la experiencia pascual en toda su hondura comienza a entender a Dios como un Dios "amigo de la vida" (Sab 11,26), un Padre que ama y defiende apasionadamente la vida. Se ve introducido en la pasión de Dios por la vida, entra en una dinámica de lucha a favor de la vida y de combate contra la muerte. La frase de san Ireneo no es una más; recoge la esencia del Dios cristiano: "*Gloria Dei, vivens homo*", lo que da gloria a Dios es un hombre lleno de vida. Por tanto, "*moriens homo*", un hombre oprimido, violentado, degradado, conducido hacia la muerte es injuria máxima a Dios.

---

[17] T. LORENZEN, o. c., 269.

2. El camino de la vida

A la luz de la experiencia pascual se les desvela mejor a los discípulos el sentido de la vida y de la muerte de Jesús, la orientación de fondo de su mensaje y de sus luchas. Todo está al servicio de la vida: "Yo he venido para que tengan vida y la tengan en abundancia" (Jn 10,10). Este es su objetivo ultimo: renovar la vida, transformarla, hacerla más digna y dichosa para todos, luchar contra todo lo que bloquea, degrada o mata la vida, instaurar en el centro de la vida el amor y la justicia, y ampliar hasta el infinito su horizonte, ampliarlo hasta la vida eterna del mismo Dios.

Jürgen Moltmann describe bien las líneas de fuerza de este "camino mesiánico de la vida": la lucha por la dignidad de los pobres, la curación de los enfermos, la expulsión de los demonios, la acogida a marginados.[18] Si Jesús se acerca a aquellos en quienes la vida está más enferma y estropeada, más humillada y violada, más rota

---

[18] J. MOLTMANN, *El camino de Jesucristo*, Sígueme, Salamanca 1993, 141-192.

y desorientada, es para curar, liberar y potenciar una vida más sana y reconciliada.

Pero, además, hay en Jesús una lucha implacable contra los poderes que matan la vida: la riqueza injusta que priva a los pobres de lo necesario para vivir; las tradiciones legalistas que esclavizan y asfixian la vida; el poder religioso del Templo que explota y discrimina impidiendo el acceso a un Padre de todos; los dioses de Roma que crucifican en nombre del César. Son estos poderes los que dan muerte a Jesús. Según su lógica "debe morir" (Mt 26,66; Mc 14,64). Contra todos ellos reacciona el Dios que resucita a Jesús.

3. Una Iglesia al servicio de la vida

Un texto de los Hechos de los Apóstoles expone bien cómo han de actuar los testigos del Resucitado. Después de curar a un tullido, Pedro da esta explicación:

"Matasteis al jefe que lleva a la vida. Pero Dios lo resucitó de entre los muertos; nosotros somos testigos de ello. Y por la fe en su nombre, este nombre ha restablecido a este que vosotros veis y conocéis." (Hch 3,15-16)

Se da testimonio del Resucitado allí donde se restablece y se potencia la vida. La tarea de la Iglesia no es defender y desarrollar lo religioso como algo sobreañadido a la vida o incluso contra la vida, sino siempre al servicio de la vida.

La Iglesia del Resucitado no es una institución dedicada a defender y salvaguardar los intereses de Dios (el culto, los deberes religiosos, la voluntad divina) frente a otras instituciones profanas preocupadas por los intereses de los humanos (la vida, el trabajo, la salud, la diversión), como si existieran dos mundos, el mundo de los intereses propios de Dios y el mundo de la vida y la felicidad de los hombres, como dos mundos contrapuestos. No es así. A Dios lo único que le interesa somos nosotros, nuestra vida, nuestra libertad, nuestra salud y nuestra dicha. Por eso, el criterio que lo mide todo, incluso lo religioso, es la mejora real de la vida humana. [19]

---

[19] A. TORRES QUEIRUGA, *Recuperar la creación. Por una religión humanizadora*, Sal Terrae, Santander 1997, 71-85.

La Iglesia está llamada a poner vida donde se produce muerte. Esta lucha por la vida humana ha de ser firme y coherente en todos los frentes. El campo es amplísimo: muertes provocadas violentamente, genocidio de pueblos del Tercer Mundo, destrucción lenta por el hambre y la miseria, el aborto, la eutanasia activa, la destrucción de la naturaleza. La tarea de la Iglesia, aunque a veces quede empañada o encubierta por otras muchas cosas, es contribuir a una vida más digna y más dichosa para todos.

4

La solidaridad
con los crucificados

1. La justicia de Dios

Los cristianos olvidamos fácilmente algo que los primeros que vivieron la experiencia pascual subrayan siempre: Dios no ha resucitado a cualquiera, sino precisamente al crucificado: "Vosotros lo matasteis clavándolo en la cruz por mano de los impíos; a este Dios lo resucitó" (Hch 2,23-24). Por otra parte, los relatos pascuales de Juan y de Lucas no olvidan que quien se les presenta ahora lleno de vida a los discípulos lleva las heridas de la crucifixión (Jn 20,20; Lc 24,39-40).

Esto significa que Dios no resucita simplemente a un muerto, sino a un crucificado. La resurrección de Jesús no es solo lo que Dios hace con un muerto, sino lo que hace en una víctima injustamente asesinada. Su interrupción es una "reacción" a la actuación asesina de quienes han crucificado a Jesús. Su gesto resucitador revela no solo el triunfo de la omnipotencia de Dios, capaz de superar el poder destructor de la muerte, sino la victoria de su justicia sobre las injusticias de los que han condenado, abandonado y crucificado a Jesús. "La resurrección de Cristo crucificado es la gran protesta de Dios contra la injusticia, y contiene la promesa".[20]

Esto tiene consecuencias importantes. Lo primero es recordar que "la resurrección de Jesús es esperanza en primer lugar para los crucificados de la historia"[21] y, después, para aquellos que, movidos por el Espíritu del Crucificado, se acercan a las víctimas en lo que tienen de víctimas. No se entra en la dinámica de la resurrección desde la evasión o el olvido de las víctimas, menos aún desde la instrumentalización de su sufrimiento, sino desde la solidaridad y la participación en su crucifixión.

Pero no es solo esto. No basta solidarizarse con los crucificados. Hay que luchar contra la injusticia que produce víctimas. La resurrección de Jesús es "la protesta de Dios contra la injus-

---

[20] T. Lorenzen, o. c., 143.
[21] J. Sobrino, *La fe en Jesucristo. Ensayo desde las víctimas*, Trotta, Madrid 1999, 70.

ticia, la injusticia infligida a Jesús y a aquellos a quienes él sirvió".[22] Por eso, la resurrección orienta radicalmente la historia hacia la justicia. Quien entra en la dinámica pascual sintoniza con la pasión de Dios por la justicia y se compromete en hacerla realidad histórica. Desde la experiencia pascual se entiende la verdad que se encierra en las palabras de Jesús:

"Buscad primero el Reino de Dios y su justicia, y todo lo demás se os dará por añadidura." (Mt 6,33)

2. La Iglesia de los crucificados

La Iglesia tiene que aprender a caminar en la historia respondiendo y correspondiendo a ese Dios defensor de los crucificados. Si es la Iglesia del Resucitado, ha de sintonizar con la pasión de Dios por hacer justicia a los que sufren injustamente.

Esto exige, antes que nada, "saber mirar la realidad desde el sufrimiento injusto que se produce hoy en el mundo". Es en ese sufrimiento

---

[22] T. Lorenzen, o. c., 365.

donde aparece objetivado el pecado y donde se desvela el funcionamiento perverso de mecanismos y poderes, que se quieren legitimar como justos. Sin embargo, muchas veces, la Iglesia ha dirigido más su atención al pecado de la criatura que al sufrimiento injusto de las víctimas. Johan Baptist Metz ha denunciado este grave desplazamiento:

> "La doctrina cristiana de la salvación ha dramatizado demasiado el problema del pecado, mientras ha relativizado el problema del sufrimiento. El cristianismo se transformó de una religión con una primaria sensibilidad al sufrimiento en una religión con una primaria sensibilidad al pecado." [23]

Es cierto. Muchas veces la atención y el compromiso concreto con los que sufren injustamente quedan atenuados o relegados por la atención religiosa a la redención del pecado.

Es necesario, en segundo lugar, "hacer sitio en la Iglesia al pobre, al crucificado, al humi-

---

[23] J. B. METZ, "Memoria passionis nel pluralismo delle religioni e delle culture", *Il Regno* 871 (2000), 771.

llado". No pretender la neutralidad que es una ilusión anticristiana. Nuestras comunidades están, por lo general, muy centradas en lo catequético y en lo litúrgico. La experiencia pascual nos está pidiendo colocar en el corazón mismo de la Iglesia y de estas comunidades a las víctimas.

Hemos de reaccionar frente a una experiencia religiosa supuestamente pascual, vivida de espaldas a los que sufren injustamente. El Resucitado nos sigue mostrando sus llagas en los pueblos que mueren de hambre, en los países excluidos por una globalización neoliberal que los hunde en la miseria y la indignidad, en las víctimas del terrorismo y de la violencia, en los marginados por el progreso, en las mujeres agredidas sexualmente o maltratadas en su propio hogar, en los abandonados a su soledad, su depresión, su enfermedad o vejez.

La Iglesia del Resucitado tiene la responsabilidad de que los crucificados no queden en el olvido, que se les haga justicia y que se mantenga su esperanza.

Como ha repetido tantas veces Metz, la Iglesia está llamada a ser *"memoria passionis, mortis et resurrectionis Jesu Christi"*.[24]

Frente a lecturas optimistas del progreso y de la historia o frente a planes económicos y políticos que olvidan a las víctimas y los perdedores, la Iglesia ha de introducir *"memoria passionis"*, recuerdo de los que sufren. Pero ha de introducir, al mismo tiempo, *"memoria resurrectionis"*, es decir, fuerza crítica para exigir justicia y aliento para sostener la esperanza ultima.

No lo hemos de olvidar: "La valoración sin justicia queda reducida y distorsionada; la justicia al margen del contexto de la salvación carece de motivación y contenido".[25]

Hacer memoria de la pasión y resurrección de Cristo no es solo ni primeramente una tarea verbal; es una práctica liberadora. Hay muchas injusticias en el siglo XXI, pero la crueldad máxima es la que lleva a pueblos enteros a la indignidad y a la muerte. Jon Sobrino ha divul-

---

[24] J. B. Metz, "El futuro a la luz del memorial de la pasión", *Concilium* 76 (1972), 317-324.

[25] T. Lorenzen, o. c., 367.

gado la expresión "bajar de la cruz a los pueblos crucificados".[26] La terminología proviene de Ignacio Ellacuría y recuerda la tarea más urgente de la Iglesia de este nuevo siglo. Nosotros solemos hablar del Mundo como si hubiera uno solo. En realidad hay dos bien diferentes: nuestro mundo, el que cuenta de verdad y tiene derecho a vivir en el despilfarro, y el mundo que sobra, el que tiene el deber de morirse de hambre.[27] En estos momentos se le está imprimiendo al Mundo una dirección absolutamente anticristiana y antiresurrecional: desarrollar sin límite alguno nuestro bienestar de privilegiados a costa de seguir excluyendo, explotando y haciendo morir a pueblos enteros.

La Iglesia no puede dar testimonio de la resurrección del Crucificado en medio del Primer Mundo si vive ocupada solo en sus celebraciones, sus debates teológicos y sus discusiones internas, ajena a esta inmensa crucifixión que

---

[26] J. Sobrino, *El principio-misericordia. Bajar de la cruz a los pueblos crucificados*, Sal Terrae, Santander 1992.

[27] Hoy 2.800 millones de personas, casi la mitad de la población mundial, viven en la pobreza. De ellos, 1.200 millones, un quinto de la población mundial, en pobreza extrema. AA.VV., *Globalización y sistema internacional*, Anuario CIP 2000, 39.

se está produciendo en nuestros días. Estos hombres y mujeres son hoy el signo más visible del crucificado.

Jon Sobrino destaca recientemente sus dos rasgos fundamentales: su "inocencia histórica", pues nada han hecho para merecer esta muerte; su "indefensión", pues nada pueden hacer por evitarla. Olvidarlos es convertir la experiencia pascual en una farsa: pretender el encuentro con un Resucitado sin llagas.

5

La responsabilidad
de la esperanza

1. El Dios de la esperanza

Todo lo que se nos dice de la experiencia pascual lleva a una afirmación clave sobre el Resucitado: "Él es nuestra esperanza" (Col 1,27). La actuación de Dios resucitando a Jesús abre la historia a un horizonte de esperanza, no de amenaza. Jürgen Moltmann resume bien la estructura de la resurrección de Cristo: ·Es un acontecimiento del pasado que actúa mediante el Espíritu determinando el presente porque abre el futuro de la vida".[28] La resurrección coloca todas las luchas, esfuerzos y trabajos en un horizonte diferente. La aniquilación de la muerte está ya en marcha. La justicia de Dios tiene la última palabra. Se abre ya el horizonte de la última

---

[28] J. Moltmann, o. c., 329.

creación, aunque sigamos caminando en medio de un mundo de violencia y de muerte.

Nosotros estamos todavía de camino. Todo sigue mezclado y confuso: sentido y sin-sentido, muerte y vida, justicia e injusticia; todo está incompleto, a medias y en proceso. Pero el Resucitado es ya "el corazón del mundo",[29] la energía secreta que lo atrae todo hacia la Vida definitiva. En medio de nuestra historia diaria de pecado y de violencia, de mediocridad y de apatía hacia las víctimas, el Resucitado sigue vivo inquietando los corazones con hambre de justicia y de amor.

2. La Iglesia, comunidad de la esperanza

Estamos viviendo unos tiempos en los que el desencanto, la desesperanza y la tentación de resignación se extienden tanto en la Iglesia, tentada de volver a la restauración de un cristianismo premoderno, como en una sociedad que, en momentos de crisis, revela aún más la inhu-

---

[29] K. RAHNER, *Was heisst Auferstehung. Meditationen zu Karfreitag und Ostern*, Herder, Friburgo en Breisgan 1985.

manidad y la injusticia sobre la que se asienta. Mientras tanto, sigue entre nosotros la locura del terrorismo y la incapacidad para buscar fórmulas de convivencia por vías democráticas de diálogo.

La Iglesia ha de recordar que tiene "la responsabilidad de la esperanza" (J. Moltmann). Este es su primer quehacer. Antes que "lugar de culto" o "instancia moral", la Iglesia ha de entenderse a sí misma como "comunidad de la esperanza". Ahí encuentra su verdadera identidad, lo que la convierte en "testigo del Resucitado".[30]

Por eso, ser cristiano no significa "tener" una religión o simplemente pertenecer a una Iglesia. Es mucho más. Es creer en la nueva realidad que ha comenzado con la resurrección de Cristo. "Los cristianos deberían ser, en este sentido, reservas inagotables de esperanza",[31] y si minados también nosotros por la cobardía, el instinto de conservación o la mediocridad no somos

---

[30] J. Moltmann, *Teología de la esperanza*, Sígueme, Salamanca 1969, sobre todo 393-466.

[31] Ignacio IV, Patriarca de Antioquía, *La Résurrection et l'homme d'aujourd'hui*, Desclée de Brouwer, París 1981, 113.

capaces de generar esperanza, en esa misma medida estamos defraudando la misión, pues "la misión hoy realiza su servicio tan solo si contagia de esperanza a los hombres".[32]

No es posible aquí analizar la estructura de esta esperanza. Solo señalaré tres rasgos fundamentales: la libertad, la alegría y la disponibilidad al martirio.

■ **La libertad** es uno de los primeros frutos del Resucitado. "El Señor es el Espíritu y, donde está el Espíritu del Señor, allí está la libertad" (2 Cor 3,17). Los textos hablan de la audacia y el coraje (*parresía*) que el Espíritu genera en los discípulos. "Llenos del Espíritu Santo, predicaban la Palabra de Dios con valentía" (Hch 4,31). Los que viven la experiencia pascual pierden el miedo y se llenan de audacia para ser testigos y llevar adelante la causa del Crucificado resucitado por Dios.

La Iglesia está hoy necesitada de personas que pierdan el miedo, creyentes capaces de

---

[32] J. D. Hoekendu, citado por J. Moltmann, *Teología de la esperanza*, Sígueme, Salamanca 1969, 423.

poner nombre concreto y de luchar contra lo que mata la vida humana fuera y dentro de la Iglesia, cristianos dispuestos a sufrir el conflicto y la oposición dentro y fuera de la Iglesia. ¿Puede nacer y alimentarse esta santa audacia sin la experiencia del Resucitado?

■ Otro rasgo caracteriza a los testigos del Resucitado: **la alegría y la paz**. "Los discípulos se alegraron de ver al Señor" (Jn 20,20; Lc 24,41). La paz es el don que regala el Resucitado: "La paz con vosotros" (Lc 24,36; Jn 20,19.21). Incluso en los momentos difíciles, aparecen "alegres de haber sido considerados dignos de sufrir ultrajes por el Nombre" (Hch 5,41). Es el gozo de unos hombres y mujeres nuevos, que conocen algo de la plenitud final y saben vivir de ella. Tienen algo que comunicar y celebrar. En la Iglesia actual hay demasiada tristeza. No se cuida la alegría pascual. Da la impresión de que la fe consiste en aceptar como verdaderas y reales cosas que no se pueden experimentar vitalmente y con gozo. Para no pocos, la alegría es algo secundario y hasta superfluo, de lo que no hay por qué ocuparse. Y, sin embargo, sin alegría no es posible amar, luchar, crear o vivir algo grande. Sin alegría es imposible la celebración cristiana. A partir de la resurrección, la alegría es, de alguna manera, "el rostro de Dios en el hombre".[33]

■ Vivir la esperanza del Resucitado significa también **disponibilidad para asumir la persecución y el martirio**. Los testigos del Resucitado pierden el miedo a la misma muerte, y están dispuestos a afrontar el destino de Cristo. Quien cree en el Resucitado, quien lucha por la vida del ser humano y ama a los crucificados está dispuesto a correr su mismo destino.

Confesar a Jesús con la vida, aunque no sea más que arriesgando la propia seguridad, el prestigio o la tranquilidad, es la forma más radical de afirmar la resurrección. Así lo entiende san Pablo:

"Llevamos siempre en nuestros cuerpos por todas partes el morir de Jesús, a fin de que también la vida de Jesús se manifieste

---

[33] A. Goettmann, *La joie, visage de Dieu dans l'homme*, Desclée de Brouwer, París 2000.

en nuestro cuerpo... Nos vemos continuamente entregados a la muerte por causa de Jesús, a fin de que también la vida de Jesús se manifieste en nuestra carne mortal." (2 Cor 4,10-11)

Nada ayuda más a discernir los caminos del Resucitado que tratar de ver dónde están hoy los mártires, dónde se padece la crucifixión, donde está la Iglesia llevando la cruz, dónde se produce el rechazo del mundo.

Quiero terminar con unas palabras de Jon Sobrino, al evocar la herencia de los mártires de El Salvador:

"Es una verdad cristiana que allí donde hay muerte como la de Jesús en la Cruz, por defender a las víctimas de este mundo, y con un gran grito, allí hay también resurrección, una palabra sigue resonando y los crucificados permanecen en la historia."[34]

---

[34] J. Sobrino, o. c., 249.

Índice